大方廣佛華嚴經 寫經

34

✿ 일러두기

1. 『사경본 한글역 대방광불화엄경』은 『독송본 한문·한글역 대방광불화엄경』에 수록된 한글역을 사경하는 데 편의를 도모하기 위해 편집을 달리하여 간행한 것이다.

2. 『독송본 한문·한글역 대방광불화엄경』은 실차난타가 한역(695~699)한 80권 『대방광불화엄경』의 한문 원문과 한글역을 함께 수록한 것이다. 한문 저본은 고종 2년(1865) 월정사에서 인경한 고려대장경 『대방광불화엄경』이다.

3. 한글 번역은 동국역경원에서 발간한 한글 『대방광불화엄경』(운허)을 중심으로 하고 『신화엄경합론』(탄허)과 『대방광불화엄경 강설』(여천무비) 그리고 최근의 여타 번역본 등을 참조하였다.

4. 한글 번역은 독송과 사경을 위하여 정확성과 아울러 가독성을 고려하였다. 극존칭은 부처님과 불경계에 대해서만 사용하였다.

5. 사경본의 차례는 일러두기 → 한글역 본문 → 화엄경 목차 → 간행사이며 80권 『대방광불화엄경』의 권별 목차 순으로 독송본과 함께 간행한다. (법공양판에는 간행사 다음에 간행불사 동참자를 밝혀 두었다.)

사경본 한글역

대방광불화엄경 제34권

26. 십지품 [1]

수미해주

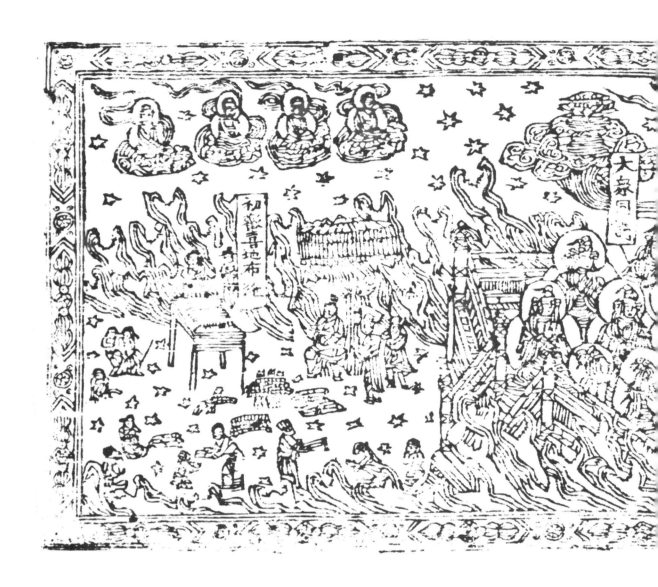

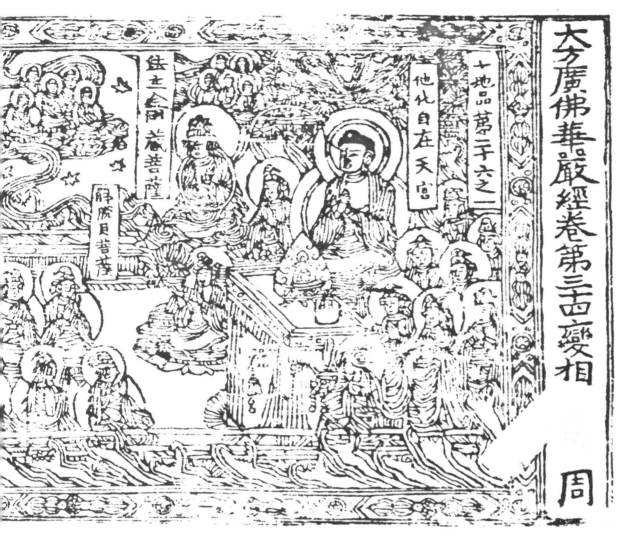

대방광불화엄경 제34권 변상도

대방광불화엄경

제34권

26. 십지품 [1]

———————— 은(는)『대방광불화엄경』을
사경하는 인연공덕으로
『화엄경』이 널리 유통되고
우리 모두 다함께 보리 이루기를 발원하옵니다.

대방광불화엄경
제34권

26. 십지품 [1]

이때에 세존께서 타화자재천왕궁의 마니보장전에서 큰 보살 대중들과 함께 계시었다.

그 모든 보살들은 다 아뇩다라삼먁삼보리에서 물러나지 않는 이들로서 모두 다른 세계로부터 와서 모였다.

　일체 보살의 지혜로 머무르는 바 경계에 머무르며, 일체 여래의 지혜로 들어가는 곳에 들어가서 부지런히 수행하여 쉬지 아니하며, 갖가지 신통으로 모든 하는 바 일을 잘 능히 나타내 보이며, 일체 중생을 교화하여 조복함에 때를 놓치지 아니한다.

　보살의 일체 큰 원을 이루기 위하여 일체 세간의 일체 겁과 일체 세계에서 모든 행을 부지런히 닦아서 잠

시도 나태하거나 쉬지 아니하며, 보살의 복과 지혜와 도를 돕는 일을 구족하여 널리 중생들을 이익케 하되 항상 다하지 아니한다.

일체 보살의 지혜 방편과 구경의 피안에 이르며, 생사와 열반에 들어감을 보이나 보살행 닦기를 그만두어 버리지 아니하며, 일체 보살의 선정과 해탈과 삼매와 삼마발저와 신통과 밝음과 지혜에 잘 들어가서, 모든 베풀어 하는 바가 모두 자재하고 일체 보살의 자재한 신력을 얻었다.

한 생각 동안에 움직이는 바 없이 모두 일체 여래 도량의 대중모임에 능히 나아가서 대중들의 상수가 되어 부처님께 설법을 청하며, 모든 부처님의 바른 법륜을 보호하여 유지하며, 광대한 마음으로 일체 모든 부처님께 공양올리고 받들어 섬기며, 일체 보살의 행하는 바 사업을 항상 부지런히 닦았다.

그 몸은 일체 세간에 널리 나타나며, 그 음성은 시방 법계에 널리 미치며, 마음과 지혜는 걸림이 없어 삼세를 널리 보며, 일체 보살의 있는 바 공덕을 다 이미 수행하여 원만하게 되어서, 말할 수 없는 겁 동안 말하여도 다할 수 없다.

그 이름은 금강장 보살과 보장 보살과 연화장 보살과 덕장 보살과 연화덕장 보살과 일장 보살과 소리야장 보살과 무구월장 보살과 어일체국토보현장엄장 보살과 비로자나지장 보살이다.

묘덕장 보살과 전단덕장 보살과 화

덕장 보살과 구소마덕장 보살과 우발라덕장 보살과 천덕장 보살과 복덕장 보살과 무애청정지덕장 보살과 공덕장 보살과 나라연덕장 보살이다.

무구장 보살과 이구장 보살과 종종변재장엄장 보살과 대광명망장 보살과 정위덕광명왕장 보살과 금장엄대공덕광명왕장 보살과 일체상장엄정덕장 보살과 금강염덕상장엄장 보살과 광명염장 보살과 성수왕광조장 보살이다.

허공무애지장 보살과 묘음무애장

보살과 다라니공덕지일체중생원장 보살과 해장엄장 보살과 수미덕장 보살과 정일체공덕장 보살과 여래장 보살과 불덕장 보살과 해탈월 보살이다.

이와 같은 등 수없고 한량없고 가없고 같음이 없고 셀 수 없고 일컬을 수 없고 생각할 수 없고 헤아릴 수 없고 말할 수 없는, 모든 보살마하살 대중 가운데 금강장 보살이 상수이다.

그때에 금강장 보살이 부처님의 위신력을 받들어 보살대지혜광명삼매에 들었다.

이 삼매에 들어가자 즉시에 시방으로 각각 십억 부처님 세계 미진수의 세계 밖을 지나서 각각 십억 부처님 세계 미진수의 모든 부처님이 계시니 한가지로 명호가 금강장으로서, 그 앞에 나타나 이와 같은 말씀을 하셨다.

"훌륭하고 훌륭하도다. 금강장이여, 이에 능히 이 보살대지혜광명삼매에 들었도다. 선남자여, 이것은 시방의 각각 십억 부처님 세계 미진수의 모든 부처님께서 그대에게 함께 가피하심이니, 비로자나 여래 응정등각의 본래의 원력인 까닭이며, 위신력인 까닭이며, 또한 그대의 수승한 지혜의 힘인 까닭이다.

그대로 하여금 일체 보살을 위하여 부사의한 모든 부처님 법의 광명을 설하게 하려는 까닭이다.

이른바 지혜의 지에 들게 하려는 까닭이며, 일체 선근을 포섭케 하려는 까닭이며, 일체 부처님 법을 잘 가려서 택하게 하려는 까닭이며, 모든 법을 널리 알게 하려는 까닭이며, 법을 잘 능히 설하게 하려는 까닭이다.

분별 없는 지혜가 청정케 하려는 까닭이며, 일체 세상의 법에 물들지 않게 하려는 까닭이며, 출세간의 선근이 청정케 하려는 까닭이며, 부사의한 지혜의 경계를 얻게 하려는 까닭이며, 일체지를 지닌 사람의 지혜 경계를 얻게 하려는 까닭이다.

또 보살 십지의 처음과 끝을 얻게 하려는 까닭이며, 보살 십지의 차별한 모양을 사실대로 설하게 하려는 까닭이며, 일체 불법을 반연하여 생각하게 하려는 까닭이며, 무루법을 닦아 익혀 분별하게 하려는 까닭이다.

큰 지혜의 광명으로 교묘하게 장엄함을 잘 선택하여 관찰하게 하려는 까닭이며, 결정한 지혜의 문에 잘 들어가게 하려는 까닭이며, 머무르는 곳을 따라 차례로 두려울 바가 없음을 나타내어 설하게 하려는 까닭이며, 걸림이 없는 변재의 광명을 얻게 하려는 까닭이다.

큰 변재의 지위에 머물러 잘 결정하게 하려는 까닭이며, 보살을 기억하여 마음에 잊지 않게 하려는 까닭이며, 일체 중생계를 성숙하게 하려는 까닭이며, 능히 모든 곳에 두루 이르러 결정코 깨우치게 하려는 까닭이다.

선남자여, 그대는 마땅히 이 법문의 차별하고 선교한 법을 말할 것이다.

이른바 부처님의 위신력을 받들어서 여래 지혜의 밝음으로 가피하는 바인 까닭이며, 자기의 선근을 깨끗하게 하는 까닭이며, 널리 법계를 청정하게 하는 까닭이며, 널리 중생들을 거두는 까닭이며, 법신과 지혜의 몸에 깊이 들어가는 까닭이다.

일체 부처님의 관정을 받는 까닭이며, 일체 세간에서 가장 높고 큰 몸을 얻는 까닭이며, 일체 세간의 길을 초월하는 까닭이며, 출세간의 선근을 청정하게 하는 까닭이며, 일체지의 지혜를 만족하는 까닭이다."

그때에 시방의 모든 부처님께서 금강장 보살에게 빼앗을 수 없는 몸을 주시고, 걸림 없이 말하기 좋아하는 변재를 주시고, 잘 분별하는 청정한 지혜를 주시고, 잘 기억하여 잊지 않는 힘을 주시고, 잘 결정하여 밝게 아는 지혜를 주셨다.

일체 처에 이르러 깨닫는 지혜를 주시고, 도를 이루는 자재한 힘을 주시고, 여래의 두려울 바 없음을 주시고, 일체 지혜 있는 사람이 모든 법문을 관찰하고 분별하는 변재의 지혜를 주시고, 일체 여래의 가장 미묘한 몸과 말과 뜻이 구족한 장엄을 주셨다.

무슨 까닭인가?

이 삼매를 얻으면 법이 이와 같은

까닭이며, 본래의 원으로 일으키는
바인 까닭이며, 깊은 마음을 잘 깨끗
하게 하는 까닭이며, 지혜의 바퀴를
잘 깨끗하게 하는 까닭이며, 도를 돕
는 법을 잘 쌓아 모으는 까닭이다.

지을 것을 잘 닦아 다스리는 까닭
이며, 그 한량없는 법의 그릇을 생각
하는 까닭이며, 그 청정한 믿음과 이
해를 아는 까닭이며, 착오가 없는 총
지를 얻는 까닭이며, 법계 지혜의 도
장으로 잘 도장 찍는 까닭이다.

그때에 시방의 모든 부처님께서 각각 오른손을 펴서 금강장 보살의 정수리를 만지시었다.

정수리를 만지시자 금강장 보살이 삼매에서 일어나서 널리 일체 보살 대중에게 말씀하였다.

"모든 불자들이여, 모든 보살들이 원을 잘 결정하며, 잡되지 않으며, 볼 수 없으며, 광대함이 법계와 같으며, 구경에 허공과 같아서 미래제가 다하도록 일체 부처님 세계에 두루 하여 일체 중생을 구호하며, 일체 모든 부처님의 보호하시는 바가 되며, 과거 미래 현재 모든 부처님의 지혜의 지위에 들어간다.

불자들이여, 어떤 것이 보살마하살의 지혜의 지위인가?

불자들이여, 보살마하살의 지혜의 지위에 열 가지가 있다. 과거 미래 현재의 모든 부처님께서 이미 설하셨고, 장차 설하실 것이고, 지금 설하시니, 나도 또한 이와 같이 말한다.

무엇이 열 가지인가?

첫째는 환희지이고, 둘째는 이구지이고, 셋째는 발광지이고, 넷째는 염혜지이고, 다섯째는 난승지이고, 여섯째는 현전지이고, 일곱째는 원행지이고, 여덟째는 부동지이고, 아홉째는 선혜지이고, 열째는 법운지이다.

불자들이여, 이 보살의 십지를 삼세의 모든 부처님께서 이미 설하셨고, 앞으로 설하실 것이고, 지금 설하신다.

불자들이여, 모든 불국토에 그 가운데 계신 여래께서 이 십지를 설하시지 않는 것을 나는 보지 못하였다. 무슨 까닭인가? 이것은 보살마하살이 보리로 향하는 최상의 길이며 또한 청정한 법의 광명의 문이니, 이른바 보살의 모든 지위를 분별하여 연설하시는 것이다.

불자들이여, 이 자리는 불가사의하니 이른바 모든 보살들의 증득을 따르는 지혜이다."

이때에 금강장 보살이 이 보살 십지의 이름을 말하고는 묵연히 머무르며 다시 분별하지 아니하였다. 이때에 일체 보살 대중들은 보살 십지의 이름만 듣고 해석을 듣지 못하여 모두 갈구하여 우러름을 내어 이와 같은 생각을 하였다.

'무슨 인과 무슨 연으로 금강장 보살은 오직 보살 십지의 이름만 설하고 해석하지 않는가?'

해탈월 보살이 모든 대중들의 마음으로 생각하는 바를 알고 금강장 보살에게 게송으로 물어 말씀하였다.

무슨 까닭으로 청정하게 깨달은 분이
염과 지혜의 공덕을 갖추고
모든 가장 미묘한 지위를 설함에
힘이 있으면서 해석하지 않습니까?

일체가 모두 결정하여
용맹하고 겁약하지 아니하거늘
무슨 까닭으로 지위의 이름만 설하고
위하여 펼쳐 연설하지 않습니까?

모든 지위의 미묘한 이치를
이 대중들이 모두 듣고자 하며
그 마음이 겁약하지 아니하니
원컨대 분별하여 설하소서.

대중모임이 모두 청정하고
게으름을 여의어 깨끗이 장엄하며
능히 견고하여 흔들리지 아니하여
공덕과 지혜를 갖추었습니다.

서로 보고 다 공경하여
일체가 모두 오로지 우러르기를

벌이 좋은 꿀을 생각하듯 하고
목마른 이가 감로를 그리워하듯 합니다.

그때에 큰 지혜 있고 두려울 바 없
는 금강장 보살이 이 말을 듣고는 모
인 대중들로 하여금 마음이 환희하
게 하려고, 모든 불자들을 위하여 게
송을 설하여 말씀하였다.

보살들이 행하는 십지의 일은
가장 높아 모든 부처님의 근본이니
드러내 보이고 분별하여 설명하기가

제일 희유하고 어렵도다.

미세하여 보기 어렵고
생각을 여의고 마음자리를 초월하며
부처님의 경계를 출생하니
듣는 자는 다 미혹하리라.

마음가짐이 금강과 같고
부처님의 수승한 지혜를 깊이 믿으며
마음자리가 무아임을 알아야
이 수승한 법을 들을 수 있도다.

허공 가운데 채색 그림과 같고
허공 가운데 바람의 모양과 같이
모니의 지혜가 이와 같아서
분별하여도 매우 보기 어렵도다.

내가 생각하니 부처님의 지혜가
가장 수승하여 사의하기 어려워
세간은 받아들일 수 없으므로
잠자코 말하지 아니하노라.

이때에 해탈월 보살이 이 말을 듣
고서 금강장 보살에게 말씀드렸다.

"불자여, 지금 이 대중모임이 모두 다 모였습니다. 깊은 마음을 잘 깨끗하게 하며, 생각을 잘 정결하게 하며, 모든 행을 잘 닦으며, 도를 돕는 법을 잘 모으며, 백천억 부처님을 잘 능히 친근하며, 한량없는 공덕과 선근을 성취하며, 어리석은 미혹을 버리며, 때에 물들지 아니하며, 깊은 마음으로 믿고 이해하며, 부처님 법 가운데서 다른 이의 가르침을 따르지 아니합니다.

훌륭합니다. 불자여, 마땅히 부처

님의 위신력을 받들어 연설해 주소서. 이 모든 보살들은 이와 같은 등 매우 깊은 도리를 모두 능히 증득하여 알 것입니다.”

그때에 해탈월 보살이 거듭 그 뜻을 펴려고 게송을 설하여 말씀하였다.

원하오니 가장 편안한
보살의 위없는 행을 설하소서.
모든 지위를 분별하면
지혜가 청정하여 정각을 이룰 것입니다.

이 대중들은 모든 때가 없고
뜻과 이해가 모두 밝고 정결하며
한량없는 부처님을 받들어 섬기니
이 지위의 뜻을 능히 알 것입니다.

그때에 금강장 보살이 말씀하였다.
"불자들이여, 비록 이 모인 대중들
은 생각을 잘 깨끗이 하며, 어리석음
과 의혹을 버려 여의어 매우 깊은 법
에 다른 이의 가르침을 따르지 않는
다. 그러나 그 밖에 이해가 열등한
중생이 있어서 이 매우 깊고 사의하

기 어려운 일을 들으면 많이 의혹을
내어 긴 밤에 모든 괴로움을 받을 것
이니, 내가 이러한 이들을 불쌍히 여
기어 그러므로 잠자코 있었다."

그때에 금강장 보살이 거듭 그 뜻
을 펴려고 게송을 설하여 말씀하였
다.

비록 이 대중들은
청정하고 지혜가 넓으며
매우 깊고 밝고 예리하여
능히 결택하며

그 마음 흔들리지 않음이

산왕과 같고

기울여 엎을 수 없음이

큰 바다 같으나

행이 오래지 않고

이해를 얻지 못한 이가 있어

식을 따라 행하고

지혜를 따르지 아니하여

이를 들으면 의심을 내어

악도에 떨어지리니

내가 이들을 불쌍히 여기어

말하지 않노라.

그때에 해탈월 보살이 금강장 보살에게 거듭 말씀드렸다.

"불자여, 원컨대 부처님의 위신력을 받들어 이 부사의한 법을 분별하여 설하소서. 이 사람들이 마땅히 여래의 호념하심을 얻어서 믿고 받아들일 것입니다.

왜냐하면 십지를 설할 때에 일체 보살이 으레 부처님의 호념을 받으며, 호념을 받으므로 이 지혜의 지위에 능히 용맹을 낼 것입니다.

왜냐하면 이것이 보살이 최초에 행하는 바로 일체 모든 부처님의 법을 성취하기 때문입니다. 비유하면 글씨와 글자와 수와 말이 일체가 모두 자모로 근본이 되며 자모가 구경이어서 조금도 자모를 여읜 것이 없는 것과 같습니다.

불자여, 일체 부처님의 법이 다 십지로 근본이 되어 십지가 구경이어서 수행하여 성취하면 일체지를 얻습니다. 그러므로 불자여, 원컨대 연설하여 주소서. 이 사람들은 반드시 여래의 호념하시는 바가 되어서 그들이 믿고 받아들이도록 하실 것입니다."

그때에 해탈월 보살이 거듭 그 뜻을 펴려고 게송을 설하여 말씀하였다.

훌륭합니다, 불자여.
보리에 나아가는
모든 지의 행을
연설하여 주소서.

시방의 일체 자재하고

존귀하신 분이

지혜의 근본을

호념하시지 않음이 없습니다.

이 편안히 머무르는 지혜도

또한 구경이어서

일체 불법이

좇아 생겨나는 바이니

비유하면 글씨와 수가

자모에 속하듯

이와 같이 불법은

십지에 의지합니다.

이때에 모든 큰 보살 대중들이 일
시에 같은 소리로 금강장 보살을 향
하여 게송을 설하여 말씀하였다.

가장 미묘하고 때 없는 지혜와
가없는 분별의 변재로
깊고 아름다운 말씀을 선창하여
제일가는 이치와 서로 응하게 하소서.

청정한 행을 기억하여 지니고

열 가지 힘으로 공덕을 모아서
변재로 뜻을 분별하여
이 가장 수승한 지위를 설하소서.

정과 계로 바른 마음을 모아서
아만과 삿된 소견을 여의어
이 대중이 의혹하는 생각이 없으니
오직 원컨대 좋은 말씀 듣고자 합니다.

목마른 이가 냉수를 생각하듯이
굶주린 이가 맛난 음식을 생각하듯이
병든 이가 좋은 약을 생각하듯이

벌이 좋은 꿀을 탐하듯이

우리들도 또한 이와 같이
감로법 듣기를 원합니다.

훌륭합니다. 넓고 큰 지혜로
원컨대 모든 지위에 들어가
십력을 이루어서 걸림 없는
선서의 일체 행을 설하소서.

이때에 세존께서 미간으로 청정한
광명을 놓으시니 이름이 보살력염명

이며, 백천 아승지 광명으로 권속이
되었다.

시방 일체 세계를 널리 비추어서
두루하지 않음이 없으니 삼악도의
고통이 모두 쉬었다. 또 일체 여래의
대중모임을 비추어 모든 부처님의 부
사의한 힘을 나타내며, 또 시방 일체
세계의 일체 모든 부처님의 가피로
법을 설하는 보살의 몸을 비추었다.

이러한 일을 하고는 위 허공 가운
데 큰 광명구름 그물 누대를 이루어
머물렀다.

이때에 시방의 모든 부처님도 다 또한 이와 같이 미간에서 청정한 광명을 놓으시니, 그 광명의 이름과 권속과 하는 일이 다 이와 같았다.

또한 이 사바세계의 부처님과 대중과 금강장 보살의 몸과 사자좌를 비추고는 위 허공 가운데 큰 광명구름 그물 누대를 이루었다.

그때에 광명 누대 중에서 모든 부처님의 위신력으로 게송을 설하여 말하였다.

부처님은 등등함이 없어
허공과 같으시고
십력과 한량없는
수승한 공덕이시며
인간에서 가장 수승하고
세상의 으뜸이라
석사자의 법으로
그대에게 가피하시도다.

불자여,
마땅히 모든 부처님의 힘을 받들어
이러한 법왕의

가장 수승한 창고를 열고
모든 지위의 넓은 지혜와
수승하고 미묘한 행을
부처님의 위신력으로
분별하여 설할지어다.

만약 선서의 힘에
가피 받으면
마땅히 법보를 얻어
그 마음에 들어가
모든 지위가 때 없고
차례로 원만하며

또한 여래의 열 가지 힘도
갖추리라.

비록 바닷물과
겁화 중에 머물러도
이 법을 받을 수 있다면
반드시 듣거니와
의심내어
믿지 않는 자들은
영원히 이와 같은 뜻을
듣지 못하리라.

마땅히 모든 지위의

수승한 지혜의 길에

들어가서 머무르고

점점 차례로 닦아 익힘과

행과 경계로부터

법의 지혜 생김을 설할지니

일체 중생을

이익하게 하는 까닭이로다.

그때에 금강장 보살이 시방을 관

찰하고 대중들에게 청정한 믿음을

증장하게 하려고 게송을 설하여 말

씀하였다.

여래이신 큰 신선의 도가
미묘하여 알기 어려우니
생각이 아니고 모든 생각을 여의어
보기를 구해도 볼 수 없도다.

생겨남도 없고 없어짐도 없으며
성품이 청정하고 항상 고요하니
때를 여읜 총명한 지혜의 사람이
그 지혜로 행할 바의 곳이로다.

자성이 본래 공적하여
둘도 없고 다함도 없으니
모든 갈래에서 해탈하여
열반과 평등하게 머무르도다.

처음도 아니고 중간도 끝도 아니며
말로 설할 바가 아니니
삼세를 벗어나
그 모양이 허공과 같도다.

적멸은 부처님의 행하시는 바라
언설로는 미칠 수 없으니

십지의 행도 또한 이와 같아서
설하기 어렵고 받기도 어렵도다.

지혜를 일으키는 부처님 경계는
생각도 아니고 마음의 길도 여의어
온과 계와 처의 부문이 아니니
지혜로 알고 의식은 미치지 못하도다.

허공 가운데 새의 발자국을
말하기 어렵고 보이기도 어렵듯이
이와 같이 십지의 이치를
마음과 의식으로는 알 수 없도다.

자비와 원력으로
십지에 들어가는 행을 내어
차례로 원만하게 하는 마음은
지혜로 행하고 생각의 경계가 아니로다.

이 경계는 보기 어려워
알 수는 있어도 말할 수 없으나
부처님의 힘인 까닭에 열어서 설명하리니
그대들은 응당 공경하여 받을지어다.

이와 같은 지혜로 들어가는 행은
억 겁 동안 말해도 다할 수 없고

내가 지금 다만 간략히 설하나
진실한 뜻은 남음이 없도다.

일심으로 공경히 기다리리라.
내가 부처님의 힘을 받들어 설하리니
수승한 법과 미묘한 소리와
비유와 문자가 서로 응하리라.

한량없는 부처님의 위신력이
모두 나의 몸에 들어왔으니
이 도리를 펼쳐 보이기 어려우나
내가 이제 조금만 설하리라.

"불자들이여, 만약 어떤 중생이 선근을 깊이 심으면 모든 행을 잘 닦으며, 도를 돕는 법을 잘 모으며, 모든 부처님께 잘 공양올리며, 희고 깨끗한 법을 잘 모으며, 선지식의 잘 거두어 주심이 되며, 깊은 마음을 잘 청정하게 하며, 광대한 뜻을 세우며, 광대한 이해를 내며, 자비가 앞에 나타난다.

부처님의 지혜를 구하기 위한 까닭이며, 십력을 얻기 위한 까닭이며,

크게 두려움 없음을 얻기 위한 까닭이며, 부처님의 평등한 법을 얻기 위한 까닭이다.

일체 세간을 구호하기 위한 까닭이며, 큰 자비를 깨끗이 하기 위한 까닭이며, 시방에 남음이 없는 지혜를 얻기 위한 까닭이며, 일체 부처님 세계를 깨끗이 하여 장애가 없게 하기 위한 까닭이며, 한 생각에 일체 삼세를 알기 위한 까닭이며, 큰 법륜을 굴리어 두려울 바가 없게 하기 위한 까닭이다.

불자들이여, 보살이 이와 같은 마음을 일으키는 것은 대비로 으뜸을 삼아 지혜가 늘고, 선교 방편에 포섭되며, 가장 훌륭한 깊은 마음으로 유지되고, 여래의 힘이 한량없으며, 잘 관찰하고 분별하며, 용맹한 힘과 지혜의 힘과 걸림 없는 지혜가 앞에 나타나고, 저절로 그러한 지혜를 따르며, 일체 불법을 능히 받아들이고 지혜로써 교화함이다.

광대하기가 법계와 같고 끝없기가 허공과 같아서 미래제를 다한다.

불자들이여, 보살이 처음 이와 같은 마음을 내면 곧 범부의 자리를 뛰어넘어 보살의 지위에 들어가서 여래의 집에 태어난다.

그 종족의 허물을 능히 말할 이가 없으며, 세간의 갈래를 여의고 출세간의 도에 들어가며, 보살의 법을 얻고, 보살의 자리에 머무르며, 삼세가 평등함에 들어가고, 여래의 종성에서 결정코 마땅히 위없는 보리를 얻는다.

보살이 이와 같은 법에 머무름을

보살의 환희지에 머무른다고 이름하니, 흔들리지 않는 법과 서로 응하는 까닭이다.

불자들이여, 보살이 환희지에 머무르면 많은 환희와, 많은 청정한 믿음과, 많은 즐거움과, 많은 희열과, 많은 기쁨과, 많은 뛰어오름과, 많은 용맹과, 많은 투쟁 없음과, 많은 고뇌와 해로움 없음과, 많은 성냄이 없음을 성취한다.

불자들이여, 보살이 이 환희지에 머무름에 모든 부처님을 생각하므로 환희하고, 모든 부처님의 법을 생각하므로 환희하고, 모든 보살들을 생각하므로 환희하고, 모든 보살들의 행을 생각하므로 환희하고, 청정한 모든 바라밀을 생각하므로 환희한다.

모든 보살들의 지위가 수승함을 생각하므로 환희하고, 보살의 깨뜨릴 수 없음을 생각하므로 환희하고, 여래의 중생 교화하심을 생각하므로 환희하고, 능히 중생이 이익을 얻게 함을 생각하므로 환희하고, 일체 여래의 지혜와 방편에 들어감을 생각하므로 환희한다.

다시 이러한 생각을 한다.

'내가 일체 세간의 경계를 점점 여의므로 환희하고, 일체 부처님을 친근하므로 환희하고, 범부의 자리를 멀리 여의므로 환희하고, 지혜의 지위에 가까워지므로 환희하고, 일체 나쁜 갈래를 영원히 끊으므로 환희한다.

일체 중생에게 의지처가 되어주므로 환희하고, 일체 여래를 친견하므로 환희하고, 부처님의 경계에 태어나므로 환희하고, 일체 보살의 평등한 성품에 들어가므로 환희하고, 일체 공포와 털이 곤두서는 등의 일을 멀리 여의므로 환희한다.'

무슨 까닭인가? 이 보살이 환희지를 얻고는 있는 바 공포를 모두 멀리 여읜다.

이른바 살아가지 못할 공포와, 나

쁜 이름 들을 공포와, 죽을 공포와, 나쁜 갈래에 떨어질 공포와, 대중의 위덕에 대한 공포이다. 이와 같은 공포를 모두 영원히 여읜다.

무슨 까닭인가?

이 보살이 '나'라는 생각을 여의었으므로 오히려 자신도 애착하지 않는데 어찌 하물며 재물이겠는가? 그러므로 살아가지 못할 공포가 없다.

다른 곳에서 공양을 바라지 않고 오직 오로지 일체 중생에게 보시만하니, 그러므로 나쁜 이름 들을 공포가 없다.

'나'라는 견해를 멀리 여의어 '나'라는 생각이 없으니, 그러므로 죽을 공포가 없다.

자신이 죽고 나서 결정코 모든 부처님과 보살들을 떠나지 아니할 줄 아니, 그러므로 나쁜 갈래에 떨어질 공포가 없다.

내가 뜻에 즐겨하는 것은 일체 세간에서 동등할 이가 없는데, 어찌 하물며 수승할 이가 있겠는가? 그러므로 대중의 위덕에 대한 공포가 없다.

　보살이 이와 같이 공포와 털이 곤두서는 등의 일을 멀리 떠난다.

　불자들이여, 이 보살이 대비로 으뜸을 삼아 광대한 뜻의 즐거움을 능히 저해할 이가 없고, 점점 부지런히 일체 선근을 닦아서 성취한다.

　이른바 믿음이 늘어나는 까닭이며, 청정한 믿음이 많아지는 까닭이며, 이해가 청정한 까닭이며, 믿음이 결정한 까닭이며, 가엾게 여김을 내는

까닭이며, 대자를 성취하는 까닭이
다.

마음에 피로와 고달픔이 없는 까
닭이며, 참괴로 장엄하는 까닭이며,
부드럽고 온화함을 성취하는 까닭이
며, 모든 부처님의 교법을 공경하여
따르고 존중하는 까닭이며, 밤낮으
로 선근을 닦아 모으되 만족해 싫어
함이 없는 까닭이다.

선지식을 친근하는 까닭이며, 항상
법을 사랑하는 까닭이며, 많이 듣기
를 구함에 만족해 싫어함이 없는 까

닭이며, 들은 바 법대로 바르게 관찰하는 까닭이며, 마음에 의지하여 집착함이 없는 까닭이다.

이양이나 명예나 공경을 탐착하지 않는 까닭이며, 일체 살림하는 물품을 구하지 않는 까닭이며, 보배 같은 마음을 내되 만족해 싫어함이 없는 까닭이며, 일체지의 지위를 구하는 까닭이며, 여래의 힘과 두려움 없음과 함께하지 않는 부처님 법을 구하는 까닭이다.

모든 바라밀과 도를 돕는 법을 구

하는 까닭이며, 모든 아첨과 속임을 여의는 까닭이며, 말한 대로 능히 행하는 까닭이며, 항상 진실한 말을 보호하는 까닭이며, 여래의 집을 더럽히지 않는 까닭이다.

보살계를 버리지 않는 까닭이며, 일체지의 마음을 내어 산왕과 같이 흔들리지 않는 까닭이며, 일체 세간의 일을 버리지 않고 출세간의 도를 성취하는 까닭이며, 보리를 돕는 부분법을 모으되 만족해 싫어함이 없는 까닭이며, 높고 높은 수승한 도를 항상 구하는 까닭이다.

불자들이여, 보살이 이와 같이 지의 법을 깨끗이 다스림을 성취하는 것을 이름하여 보살의 환희지에 편안히 머무른다고 한다.

불자들이여, 보살이 이 환희지에 머물러 이와 같은 큰 서원과 이와 같은 큰 용맹과 이와 같은 큰 작용을 능히 성취한다.

이른바 광대하고 청정하고 결정한 이해를 내어 일체 공양거리로 일체 모든 부처님을 공경하고 공양하여 남음이 없게 한다.

광대하기가 법계와 같고 끝없기가 허공과 같아서 미래제가 다하도록 일체 겁 동안에 휴식함이 없다.

또 큰 원을 세우기를, '일체 부처님의 법륜을 받아지이다, 일체 부처님의 보리를 거두어지이다, 일체 모든 부처님의 가르침을 보호하여지이다, 일체 모든 부처님의 법을 지니어지이다.'라고 한다.

광대하기가 법계와 같고 끝없기가
허공과 같아서 미래제가 다하도록
일체 겁 동안에 휴식함이 없다.

또 큰 원을 세우기를, '일체 세계
에서 부처님께서 세상에 출현하심에
도솔천궁에서 떠나 태에 들며 태에
머무르며 탄생하며 출가하며 성도하
며 설법하며 열반을 나타내 보이시
니, 모두 다 나아가서 친근하고 공양
올리며, 대중의 상수가 되어 바른 법
을 받아 행하며, 일체 처에서 일시에

굴려지이다.'라고 한다.

광대하기가 법계와 같고 끝없기가
허공과 같아서 미래제가 다하도록
일체 겁 동안에 휴식함이 없다.

또 큰 원을 세우기를, '일체 보살행
이 광대하고 한량없으며, 부서지지
않고 잡되지 않으며, 모든 바라밀을
거두어서 모든 지위를 청정하게 다
스리며, 전체인 모양과 각각인 모양
과 같은 모양과 다른 모양과 이루는
모양과 무너지는 모양의 있는 바 보

살행을 모두 사실대로 설하여 일체를 교화해서 그들로 하여금 받아 행하고 마음이 증장케 하여지이다.'라고 한다.

광대하기가 법계와 같고 끝없기가 허공과 같아서 미래제가 다하도록 일체 겁 동안에 휴식함이 없다.

또 큰 원을 세우기를, '일체 중생계에서 색 있는 것과, 색 없는 것과, 생각 있는 것과, 생각 없는 것과, 생각 있지 않은 것 생각 없지 않은 것과,

난생과, 태생과, 습생과, 화생으로, 삼계에 얽매인 것과 여섯 갈래에 들어가 일체 태어나는 곳의 이름과 물질에 거두어지는 이와 같은 부류들을 내가 모두 교화하여 불법에 들어가게 하며 일체 세간의 갈래를 영원히 끊게 하며 일체지의 지혜의 길에 편안히 머무르게 하여지이다.'라고 한다.

광대하기가 법계와 같고 끝없기가 허공과 같아서 미래제가 다하도록 일체 겁 동안에 휴식함이 없다.

또 큰 원을 세우기를, '일체 세계가 광대하고, 한량없고, 굵고, 미세하고, 어지러이 있고, 거꾸로 있고, 바르게 있고, 들어가고, 다니고, 가는 것이, 제석천의 그물처럼 차별하여 시방에 한량없이 갖가지로 같지 않은 것을 지혜로 모두 분명히 알아 앞에 나타난 듯이 알고 보아지이다.'라고 한다.

광대하기가 법계와 같고 끝없기가 허공과 같아서 미래제가 다하도록 일체 겁 동안에 휴식함이 없다.

또 큰 원을 세우기를, '일체 국토가 한 국토에 들어가고 한 국토가 일체 국토에 들어가며, 한량없는 불국토가 널리 모두 청정하며, 광명의 온갖 도구로 장엄하며, 일체 번뇌를 여의고 청정한 도를 성취하며, 한량없는 지혜 있는 중생들이 그 가운데 충만하며, 광대한 모든 부처님의 경계에 널리 들어가 중생들의 마음을 따라 나타내 보여 모두 환희케 하여지이다.'라고 한다.

광대하기가 법계와 같고 끝없기가

허공과 같아서 미래제가 다하도록
일체 겁 동안에 휴식함이 없다.

또 큰 원을 세우기를, '일체 보살
과 더불어 뜻과 행이 같으며, 원망과
미움이 없이 모든 선근을 모으며, 일
체 보살과 평등하게 한가지로 반연
하며, 항상 함께 모여서 서로 떠나지
아니하며, 뜻 따라 능히 갖가지 부처
님의 몸을 나타내어지이다.

자기 마음대로 능히 일체 여래의
경계와 위력과 지혜를 알며, 물러나

지 않고 뜻과 같은 신통을 얻어 일체 세계에 유행하며, 일체 대중모임에 형체를 나타내며, 일체 태어나는 곳에 널리 들어가서 부사의한 대승을 성취하고 보살의 행을 닦아지이다.'라고 한다.

광대하기가 법계와 같고 끝없기가 허공과 같아서 미래제가 다하도록 일체 겁 동안에 휴식함이 없다.

또 큰 원을 세우기를, '물러나지 않는 법륜을 타고 보살행을 행하되

몸과 말과 뜻의 업이 다 헛되지 아니
하여 만약 잠깐만 보아도 반드시 부
처님 법에 결정하고, 잠깐만 소리를
들어도 진실한 지혜를 얻어지이다.

청정한 신심을 겨우 내어도 영원히
번뇌를 끊으며 큰 약왕 나무와 같은
몸을 얻고 여의보주와 같은 몸을 얻
어, 일체 보살행을 수행하여지이다.'
라고 한다.

광대하기가 법계와 같고 끝없기가
허공과 같아서 미래제가 다하도록
일체 겁 동안에 휴식함이 없다.

또 큰 원을 세우기를, '일체 세계에서 아뇩다라삼먁삼보리를 이루어 한 털끝의 처소를 떠나지 않고 일체 털끝의 처소에서, 처음 탄생하고 출가하고 도량에 나아가고 정각을 이루고 법륜을 굴리고 열반에 듦을 모두 다 나타내 보여지이다.

부처님의 경계인 큰 지혜의 힘을 얻어 생각생각에 일체 중생의 마음을 따라 성불함을 나타내 보여서 적멸을 얻게 하며, 하나의 삼보리로써 일체 법계가 곧 열반의 모양임을 알며,

한 가지 음성으로 법을 설하여 일체 중생으로 하여금 마음이 모두 환희하게 하여지이다.

대열반에 들어감을 보이되 보살행을 끊지 아니하며, 큰 지혜의 지위를 보여서 일체 법을 나란히 건립하며, 법지통과 신족통과 환통으로 자재하게 변화하여 일체 법계에 충만하여지이다.'라고 한다.

광대하기가 법계와 같고 끝없기가 허공과 같아서 미래제가 다하도록 일체 겁 동안에 휴식함이 없다.

불자들이여, 보살이 환희지에 머물러서 이와 같은 큰 서원과 이와 같은 큰 용맹과 이와 같은 큰 작용을 일으키되, 이 열 가지 원의 문으로 으뜸을 삼아서 백만 아승지의 큰 원을 만족한다.

불자들이여, 이 큰 원은 열 가지 다함의 구절로 성취된다.

무엇이 열인가?

이른바 중생계가 다함과, 세계가 다함과, 허공계가 다함과, 법계가 다함과, 열반계가 다함과, 부처님의 출현하시는 계가 다함과, 여래 지혜의 계가 다함과, 마음으로 반연하는 바의 계가 다함과, 부처님의 지혜로 들어가는 바 경계의 계가 다함과, 세간이 굴러가고 법이 굴러가고 지혜가 굴러가는 계가 다함이다.

'만약 중생계가 다하면 나의 원도 이에 다하며, 만약 세계와 내지 세간의 굴러감과 법의 굴러감과 지혜의 굴러감의 계가 다하면 나의 원도 이에 다하려니와, 중생계가 다할 수 없으며 내지 세간의 굴러감과 법의 굴러감과 지혜의 굴러감의 제가 다할 수 없으므로 나의 이 큰 원의 선근도 마침내 다함이 없다.'

불자들이여, 보살이 이와 같은 큰 원을 일으키고는 곧 이익하게 하려는 마음과, 부드러운 마음과, 수순하는 마음과, 적정한 마음과, 조복하는 마음과, 적멸한 마음과, 겸손한 마음과, 윤택한 마음과, 흔들리지 않는 마음과, 혼탁하지 않은 마음을 얻는다.

청정한 믿음을 이룬 자는 믿음의 공용이 있어 여래께서 본래의 행으로 들어가신 것을 믿으며, 모든 바라밀을 성취함을 믿으며, 모든 수승한 지위에 들어감을 믿으며, 힘을 성취함을 믿으며, 두려울 바 없음을 구족함을 믿는다.

깨뜨릴 수 없는 함께 하지 않는 불법을 생장함을 믿으며, 부사의한 불법을 믿으며, 중간도 가장자리도 없는 부처님의 경계를 출생함을 믿으며, 여래의 한량없는 경계에 따라 들어감을 믿으며, 과보를 성취함을 믿는다.

중요한 점을 들어 말하면, 일체 보살의 행과 내지 여래의 지혜의 지위와 설하는 힘을 믿는 까닭이다.

불자들이여, 이 보살이 다시 이러한 생각을 한다.

'모든 부처님의 바른 법이 이와 같이 매우 깊고, 이와 같이 적정하고,

이와 같이 적멸하고, 이와 같이 공하고, 이와 같이 모양이 없고, 이와 같이 원이 없고, 이와 같이 물듦이 없고, 이와 같이 한량이 없고, 이와 같이 광대하거늘, 모든 범부들은 마음이 삿된 견해에 빠져서 무명에 덮여 가려지고, 교만의 높은 깃대를 세우고, 갈애의 그물에 들어가고, 아첨과 거짓의 빽빽한 숲속을 다니며, 능히 스스로 벗어나지 못한다.

마음은 인색과 질투와 서로 응하여 버리지 않으며, 모든 갈래에 태어나는 인연을 항상 짓는다.

탐욕과 성냄과 어리석음으로 모든 업을 쌓아 모아서 밤낮으로 증장하며, 분노의 바람으로 마음과 의식의 불을 일으켜서 치성하여 쉬지 않으며, 모든 짓는 바 업이 다 뒤바뀜과 상응한다.

욕망의 폭류와 존재의 폭류와 무명의 폭류와 견해의 폭류가 서로 이어져 마음과 뜻과 의식의 종자를 일으키며, 삼계의 밭에서 다시 고통의 싹을 낸다.

이른바 이름과 물질[名色]이 함께 나서 여의지 아니하며, 이 이름과 물질이 증장하여 여섯 기관[六處]의 무더기를 내며, 그중에서 상대하여 접촉[觸]을 내며, 접촉 때문에 느낌[受]을 낸다.

느낌을 인하여 갈애[愛]를 내며, 갈애가 증장하기 때문에 취착[取]을 내며, 취착이 증장하기 때문에 존재[有]를 내며, 존재가 생겨나기 때문에 태어남[生]과 늙음[老]과 죽음[死]과, 근심[憂]과 슬픔[悲]과 괴로움[苦]

과 번뇌[惱]가 있다. 이와 같이 중생
이 고통의 무더기를 생장한다.

이 가운데는 모두 공하여 나와 나
의 것을 여의어 앎도 없고 느낌도 없
으며, 지음도 없고 받음도 없으니, 마
치 풀과 나무와 돌과 벽과 같으며 또
한 영상과도 같다. 그러나 모든 중생
들이 깨닫지 못하고 알지 못한다.'

보살은 모든 중생들이 이와 같은
고통의 무더기에서 벗어나지 못함을
본다. 그러므로 곧 대비와 지혜를 내
어 다시 이 생각을 하기를, '이 모든

중생들을 내가 마땅히 구해서 건져 내어 끝까지 안락한 곳에 들 것이니, 그러므로 대자와 광명의 지혜를 낼 것이다.'라고 한다.

불자들이여, 보살마하살이 이와 같은 대비와 대자를 수순하여 깊고 중한 마음으로 초지에 머무를 때에 일체 물건을 아끼는 바 없이 부처님의 큰 지혜를 구하며 크게 버림을 수행하여 모든 가진 것 일체를 능히 보시한다.

이른바 재물과 곡식과 창고와 금과
은과 마니와 진주와 유리와 마노 보
화와 벽옥과 산호 등의 물건과 진귀
한 보배 영락과 장신구와 코끼리와
말과 수레와 노비와 백성과 성읍과
취락과 원림과 누대와 처첩과 아들과
딸과 내외 권속들과, 그 외 있는 바
진귀한 완구들과 머리와 눈과 손과
발과 피와 살과 뼈와 골수와 일체 몸
의 부분을 모두 아끼는 바 없이 모든
부처님의 광대한 지혜를 구한다.

이것을 이름하여 보살이 초지에 머

물러서 크게 버림을 성취하는 것이라고 한다.

불자들이여, 보살이 이 자비와 크게 보시하는 마음으로써 일체 중생을 구호하고자 하여 점점 더 세간과 출세간의 모든 이익하게 하는 일을 추구하되 피로해하거나 싫어함이 없으므로 곧 피로해하거나 싫어함이 없는 마음을 성취한다.

피로해하거나 싫어함이 없는 마음을 얻고는 일체 경론에 마음이 겁약함이 없고, 겁약함이 없으므로 곧 일체 경론의 지혜를 성취한다.

이 지혜를 얻고는 마땅히 지을 일과 마땅히 짓지 아니할 일을 잘 능히 헤아리고, 상·중·하의 일체 중생에게 마땅함을 따르고 힘을 따르고 그 익힌 바를 따라서 이와 같이 행하니, 그러므로 보살이 세간의 지혜를 이룬다.

세간의 지혜를 이루고는 시기를 알고 양을 알아 참괴의 장엄으로 스스로도 이롭고 다른 이도 이롭게 하는 도를 부지런히 닦으니, 그러므로 참괴의 장엄을 성취한다.

이러한 행 가운데 벗어남을 부지런히 닦아 물러나지 않고 퇴전하지 아니하여 견고한 힘을 이룬다.

견고한 힘을 얻고는 모든 부처님께 부지런히 공양올리고 부처님의 교법에 대하여 능히 설하신 대로 행한다.

불자들이여, 보살이 이와 같이 열가지 모든 지위를 청정하게 하는 법을 성취한다. 이른바 믿음과 자비와 버림과 피로해하거나 싫어함이 없음과 모든 경론을 앎과 세간법을 잘 이해함과 참괴와 견고한 힘과 모든 부처님께 공양올림과 가르침에 의거하여 수행함이다.

불자들이여, 보살이 이 환희지에 머무르고는 큰 원력으로 많은 부처님을 친견하게 된다.

이른바 많은 백 부처님과, 많은 천 부처님과, 많은 백천 부처님과, 많은 억 부처님과, 많은 백억 부처님과, 많은 천억 부처님과, 많은 백천억 부처님과, 많은 억 나유타 부처님과, 많은 백억 나유타 부처님과, 많은 천억 나유타 부처님과, 많은 백천억 나유타 부처님을 친견한다.

모두 큰 마음과 깊은 마음으로 공경하고 존중하며 받들어 섬기고 공양 올린다. 의복과 음식과 와구와 의약과 일체 살림을 모두 받들어 보시하며, 또한 일체 스님들에게도 공양하여 이 선근으로 모두 다 위없는 보리에 회향한다.

불자들이여, 이 보살이 모든 부처님께 공양 올린 까닭으로 중생을 성취시키는 법을 얻는다. 앞의 두 가지 거듭으로 중생을 포섭하니 말하자면 보시와 애어이고, 뒤의 두 가지 거두는 법은 다만 믿고 아는 힘으로 행하니 아직은 잘 통달하지 못한다.

이 보살은 열 가지 바라밀 중에 보시 바라밀이 더 많으며 나머지 바라밀은 수행하지 않는 것은 아니나 다만 힘을 따르고 분한을 따를 뿐이다.

이 보살이 곳마다 모든 부처님께 공양올리고 중생을 교화함을 부지런히 닦아서 모두 청정한 지위의 법을 수행하고, 있는 바 선근을 모두 회향하여 일체 지혜의 지위가 더욱 더 밝고 깨끗하여지며, 조화로움과 유연함이 성취되어 뜻 따라 사용한다.

불자들이여, 비유하면 금을 다루는 사람이 아주 교묘하게 금을 단련하여 자주자주 불에 넣으면 점점 밝고 깨끗하여지며 조화로움과 유연함이 성취되어 뜻 따라 사용할 수 있는 것과 같다.

보살도 또한 다시 이와 같아서 모든 부처님께 공양올리고 중생을 교화함이 모두 청정한 지위의 법을 수행함이니, 있는 바 선근을 다 회향하여 일체지의 지위가 점점 더 밝고 깨끗하여지며 조화로움과 유연함이 성취되어 뜻 따라 사용한다.

불자들이여, 보살마하살이 초지에 머물러 마땅히 모든 부처님과 보살과 선지식의 처소를 따라서 이 지위 가운데 모양과 과보 얻음을 추구하고 묻되 만족해 싫어함이 없으니, 이 지위의 법을 성취하려 하기 위한 까닭이다.

또한 마땅히 모든 부처님과 보살과 선지식의 처소를 따라서 제2지 가운데 모양과 과보 얻음을 추구하고 묻되 만족해 싫어함이 없으니, 저 지위의 법을 성취하려 하기 위한 까닭이다.

또한 마땅히 이와 같이 제3과 제4

와 제5와 제6과 제7과 제8과 제9
와 제10지 가운데 모양과 과보 얻음
을 추구하고 묻되 만족해 싫어함이
없으니, 저 지위의 법을 성취하려 하
기 위한 까닭이다.

이 보살이 모든 지의 장애와 대치
함을 잘 알며, 지의 이루어짐과 무
너짐을 잘 알며, 지의 모양과 과보를
잘 알며, 지의 얻음과 닦음을 잘 알
며, 지의 법이 청정함을 잘 알며, 지
에서 지로 옮겨 행함을 잘 안다.

지와 지의 옳은 도리와 그른 도리

를 잘 알며, 지와 지의 수승한 지혜를 잘 알며, 지와 지의 퇴전하지 않음을 잘 알며, 일체 보살의 지를 깨끗이 다스리고 내지 여래의 지위에 옮겨 들어감을 잘 안다.

불자들이여, 보살이 이와 같이 지의 모양을 잘 알고, 처음 초지에서 행을 일으켜 끊지 아니하고 이와 같이 내지 제10지에 들어가서 단절함이 없으니, 이 모든 지의 지혜 광명을 말미암은 까닭으로 여래의 지혜 광명을 이룬다.

불자들이여, 비유하면 상단의 주인이 방편을 잘 알아서 모든 상인들을 데리고 큰 성으로 나아가려면, 아직 출발하지 않았을 때 도중의 공덕과 허물과 그리고 머무를 곳의 안전과 위험의 가부를 먼저 물은 연후에, 도중에 필요한 양식을 갖추고 응당 해야 할 일을 하는 것과 같다.

불자들이여, 저 큰 상단의 주인이 비록 아직 길을 떠나지 않았으나 도중에 있을 일체 안전하고 위험한 일을 능히 알아서, 지혜로 헤아리고 관찰하여 그 필요한 것을 준비하여 부족함이 없게 잘 하고서야, 모든 상인들을 데리고 내지 안전하게 저 큰 성에 이르게 되며 자신과 여러 사람들이 다 우환을 면한다.

불자들이여, 보살인 상단의 주인도 또한 다시 이와 같아서, 초지에 머물러 모든 지위의 장애와 대치를 잘 알고 내지 일체 보살 지위의 청정함을 잘 알아서 여래의 지위에 옮겨 들어간 연후에야 복과 지혜의 양식을 갖추어서, 일체 중생을 데리고 생사의

광야와 험난한 곳을 지나 안전하게 살바야의 성에 이르며, 자신과 중생들이 환난을 겪지 아니한다.

그러므로 보살은 항상 마땅히 게으르지 말고 모든 지위의 수승하고 청정한 업을 부지런히 닦으며 내지 여래 지혜의 지위에 나아가야 한다.

불자들이여, 이것을 보살마하살이 보살 초지의 문에 들어감을 간략히 설한다고 이름한다. 널리 설하면 한량없고 가없는 백천 아승지의 차별한 일이 있다.

불자들이여, 보살마하살이 이 초지에 머물러서 많이 염부제의 왕이 되어 호화롭고 존귀함이 자재하며, 항상 바른 법을 보호한다.

능히 큰 보시로써 중생들을 거두어 주어 중생들의 아끼고 탐하는 허물을 잘 없애며, 항상 큰 보시를 행하되 끝까지 다함이 없으며, 보시하고, 자애로운 말을 하고, 이익하게 하고, 일을 같이 한다.

이와 같이 일체 모든 짓는 바 업이 모두 부처님을 생각함을 여의지 아니하며, 법을 생각함을 여의지 아니하며, 스님을 생각함을 여의지 아니하며, 함께 수행하는 보살을 생각함을 여의지 아니하며, 보살의 행을 생각함을 여의지 아니한다.

모든 바라밀을 생각함을 여의지 아니하며, 모든 지를 생각함을 여의지 아니하며, 힘을 생각함을 여의지 아니하며, 두려움 없음을 생각함을 여의지 아니하며, 함께하지 않는 부처님 법을 생각함을 여의지 아니하며, 내지 일체종과 일체지의 지혜 구족한 것을 생각함을 여의지 않는다.

다시 이 생각을 하기를, '내가 마땅히 일체 중생들 가운데 상수가 되고, 수승한 이가 되고, 특히 수승한 이가 되고, 묘한 이가 되고, 미묘한 이가 되고, 높은 이가 되고, 위없는 이가 되고, 인도자가 되고, 장수가 되고, 통솔자가 되고 내지 일체지의 지혜에 의지하는 자가 될 것이다.'라고 한다.

이 보살이 만약 집을 버리고 불법 가운데서 부지런히 정진을 행하려하면 문득 집과 처자와 오욕을 능히 버리고, 여래의 가르침을 의지하여 출가해서 도를 배운다.

이미 출가하고는 부지런히 정진을 행하여 한 생각 사이에 백 삼매를 얻고, 백 부처님을 친견하고, 백 부처님의 위신력을 알고, 백 부처님의 세계를 능히 진동하고, 백 부처님의 세계를 능히 지나가고, 백 부처님의 세계를 능히 비추고, 백 부처님 세계의 중생을 능히 교화한다.

능히 백 겁을 머물러 살며, 능히 앞

뒤로 각각 백 겁의 일을 알며, 능히 백 가지 법문에 들어가며, 능히 백 가지 몸을 나타내 보이며, 낱낱 몸에 능히 백 보살을 보이고 권속을 삼는다.

만약 보살의 특히 수승한 원력으로 자재하게 나타내 보이면 이 수를 넘어서니, 백 겁과 천 겁과 백천 겁과 내지 백천억 나유타 겁에도 능히 세어서 알 수 없다."

이때에 금강장 보살이 그 뜻을 거
듭 펴려고 게송을 설하여 말씀하였
다.

만약 어떤 사람이 여러 선을 모아
희고 깨끗한 법을 구족하면
천상과 인간의 존귀한 분께 공양하여
자비의 길을 수순하리라.

믿음과 이해가 지극히 광대하고
뜻의 즐거움도 또한 청정하여
부처님 지혜를 구하기 위해

이 위없는 마음을 내었도다.

일체 지혜의 힘과

두려울 바 없음을 깨끗이 하여

모든 불법을 성취하며

군생들을 구제하여 섭수하도다.

큰 자비를 얻고

수승한 법륜을 굴리며

불국토를 깨끗이 장엄하기 위하여

이 가장 수승한 마음을 내도다.

한 생각에 삼세를 알되
분별이 없고
갖가지 시간이 같지 않음을
세간에 보이도다.

간략히 말하면 모든 부처님의
일체 수승한 공덕을 구하여
광대한 마음을 내니
양이 허공계와 같도다.

대비가 앞서고 지혜가 으뜸이 되어
방편과 함께 서로 응하며

믿음과 이해의 청정한 마음은
여래의 한량없는 힘이로다.

걸림 없는 지혜가 앞에 나타남은
스스로 깨닫고 남을 말미암지 않으니
구족함이 여래와 같아서
이 가장 수승한 마음을 내도다.

불자가 처음으로
이와 같은 미묘한 보배 마음을 내면
범부의 지위를 뛰어넘어
부처님의 행하신 곳에 들어가도다.

여래의 집에 태어나서
종족에 허물이 없으며
부처님과 함께 평등하여
결정코 위없는 깨달음을 이루리라.

이와 같은 마음을 내자
곧 초지에 들어가서
뜻의 즐거움이 흔들리지 않으니
비유하면 큰 산왕과 같도다.

많은 기쁨과 많은 즐거움과
또한 다시 많은 청정한 믿음과

지극히 큰 용맹심과
기뻐서 뛸 듯한 마음이로다.

투쟁과 괴로움과 해침과 성냄을
멀리 여의고
뉘우치고 공경하고 순박하고 정직하여
모든 근을 잘 수호하도다.

세상을 구제함에 짝할 이 없는 분의
있는 바 온갖 지혜를
이곳에서 내가 마땅히 얻으리니
생각하고 환희하도다.

처음 초지에 들어가
곧 다섯 공포를 초월하니
살 수 없음과 죽음과 나쁜 이름과
나쁜 갈래와 대중들의 위덕이로다.

나와 나의 것을
탐착하지 않으니
이 모든 불자들이
모든 공포를 멀리 여의도다.

대자와 애민을 늘 행하며
항상 믿음과 공경함이 있으며

참괴의 공덕도 갖추어
밤낮으로 선한 법을 더하도다.

법의 진실한 이익을 좋아하고
모든 욕락 받음을 애착하지 않으며
들은 바 법을 사유하여
취착하는 행을 멀리 여의도다.

이양을 탐하지 아니하고
오직 부처님의 보리만 즐겨하며
일심으로 부처님의 지혜를 구하여
오로지 정진하고 다른 생각이 없도다.

바라밀을 수행하여
아첨과 거짓을 멀리 여의고
설하신 대로 수행하여
진실한 말 속에 안주하도다.

모든 부처님 집을 더럽히지 않고
보살계를 버리지 않으며
세상 일을 즐겨하지 않고
항상 세간을 이익하게 하도다.

선을 닦음에 만족해 싫어함이 없어
점차 더 수승한 길을 구하니

이와 같이 법을 좋아하고 즐겨하여
공덕과 이치가 서로 응하도다.

큰 원의 마음을 항상 내어서
원하오니 모든 부처님을 친견하고
모든 부처님의 법을 보호하여 지니며
큰 신선의 도를 섭취하여지이다.

항상 이와 같은 원을 내어서
가장 수승한 행을 수행하여
모든 군생들을 성숙시키고
불국토를 깨끗이 장엄하도다.

일체 모든 부처님 세계에
불자들이 다 두루 가득하며
평등한 같은 한마음이라
하는 일이 모두 헛되지 않도다.

일체 털끝의 처소에서
일시에 정각을 이루니
이와 같은 등 큰 원이
한량없고 끝이 없도다.

허공과 중생과
법계와 열반과

세간과 부처님의 출현과
부처님의 지혜와 마음 경계와
여래의 지혜로 들어가는 것과
세 번 굴림이 다함이여

저 모든 것이 만약 다함이 있으면
나의 원도 비로소 다하려니와
그와 같은 것이 다할 기약이 없으니
나의 원도 또한 다시 그러하도다.

이와 같이 큰 원을 일으켜
마음이 유연하고 조화롭고 수순하며

능히 부처님의 공덕을 믿어서
중생들을 관찰하여

인연으로부터 일어난 줄 알아
자애로운 마음을 일으키어
이와 같은 고통받는 중생들을
내가 이제 마땅히 구제하리라.

이 중생들을 위하여
갖가지 보시를 행하되
왕위와 진귀한 보물과
내지 코끼리와 말 수레와

머리와 눈과 손과 발과
내지 몸과 피와 살을
일체 모두 능히 버리되
마음에 걱정이나 후회가 없도다.

갖가지 경전을 구하되
그 마음이 싫어하거나 게으르지 않고
그 이치를 잘 알아서
능히 세상에서 행할 바를 따르도다.

참괴로 스스로를 장엄하고
수행이 더욱 견고해져서

한량없는 부처님께 공양올리며
공경하고 존중하도다.

이와 같이 항상 닦아 익히어
밤낮으로 게으름이 없어서
선근이 더욱 밝고 청정함이
불로 진금을 단련한 것 같도다.

보살이 여기에 머물러
십지를 청정하게 닦으니
짓는 일이 장애가 없어
구족하여 단절하지 않도다.

비유하면 큰 상단의 주인이
모든 상인들을 이익케 하기 위하여
길의 험함과 쉬움을 물어 알아서
큰 성에 편안히 이르는 것과 같도다.

보살이 초지에 머무름도
또한 이와 같은 줄 마땅히 알지니
용맹하고 장애가 없어
제십지에 이르도다.

이 초지에 머물러서
큰 공덕의 왕이 되어

법으로 중생을 교화하니
자애로운 마음이 손해됨이 없도다.

염부제의 땅을 다스림에
교화의 행이 미치지 않음이 없어
모두 큰 보시에 머물러
부처님의 지혜를 성취하게 하도다.

가장 수승한 도를 구하려고
국왕의 자리도 버리고는
능히 부처님의 가르침 가운데
용맹하게 부지런히 닦아 익히도다.

곧 백 삼매를 얻고

백 모든 부처님을 친견하며

백 세계를 진동하고

광명을 비추는 행도 그러하도다.

백 국토의 중생을 교화하고

백 법문에 들어가며

백 겁의 일을 능히 알고

백 가지 몸을 나타내 보이도다.

그리고 백 보살을 나타내어

그 권속을 삼거니와

만약 자재한 원력이라면
이 수를 지나 한량없으리라.

내가 초지의 뜻 가운데
그 조금만 간략히 말했으나
만약 널리 분별하려면
억 겁에도 능히 다하지 못하리라.

보살의 가장 수승한 도로
모든 군생들을 이익하게 하니
이와 같은 초지의 법을
내가 지금 설해 마쳤도다.

〈대방광불화엄경 제34권〉

아차보현수승행
무변승복개회향
보원침익제중생
속왕무량광불찰

시방삼세일체불
제존보살마하살
마하반야바라밀

我此普賢殊勝行
無邊勝福皆迴向
普願沈溺諸眾生
速往無量光佛剎

十方三世一切佛
諸尊菩薩摩訶薩
摩訶般若波羅蜜

大方廣佛華嚴經

부록

•

대방광불화엄경 목차

•

간행사

대방광불화엄경
목차

간 행 사

　귀의삼보 하옵고,

　『대방광불화엄경』의 수지 독송과 유통을 발원하면서 수미정사 불전연구원에서 『독송본 한문·한글역 대방광불화엄경』과 『사경본 한글역 대방광불화엄경』을 편찬하여 간행하게 되었습니다.

　『화엄경』은 우리나라에 전래된 이래 일찍부터 사경되고 주석·강설되어 왔으며 근현대에 이르러서는 『화엄경』의 한글 번역과 연구도 부쩍 많이 이루어졌습니다. 그만큼 『화엄경』이 우리 불자님들의 신행과 해탈에 큰 의지처가 되었던 것임을 알 수 있습니다.

　『화엄경』을 독송하고 사경하는 공덕은 설법 공덕과 함께 크게 강조되어 왔습니다. 그리하여 수미정사 불전연구원에서도 『화엄경』(80권)을 독송하고 사경하는 데 도움이 되도록 한문 원문과 한글역을 함께 수록한 독송본과 한글역의 사경본 『화엄경』 간행불사를 발원하였습니다. 이 『화엄경』 간행불사에 뜻을 같이하여 적극 후원해주신 스님들과 재가 불자님들께 깊이 감사드립니다. 또한 『화엄경』을 수지 독송할 수 있도록 경책의 모습으로 장엄해 주신 편집위원들과 담앤북스 출판사 관계자들께도 고마움을 표합니다.

　끝으로 이 불사의 원만 회향으로 『화엄경』이 널리 유통되고, 온 법계에 부처님의 가피가 충만하시길 기원드립니다.

　나무 대방광불화엄경

불기 2564년 '부처님오신날'을 봉축하며
수미해주 합장

위태천신(동진보살)

수미해주 須彌海住

동국대학교 명예교수
중앙승가대학교 법인이사
대한불교조계종 수미정사 주지

사경본 한글역

대방광불화엄경 제34권

| 초판 1쇄 발행_ 2023년 6월 15일

| 엮은이_ 수미해주
| 엮은곳_ 수미정사 불전연구원
| 편집위원_ 해주 수정 경진 선초 정천 석도 박보람 최원섭
| 편집보_ 무이 무진 지욱 혜명

| 펴낸이_ 오세룡
| 펴낸곳_ 담앤북스
      서울특별시 종로구 새문안로3길 23 경희궁의 아침 4단지 805호
      대표전화 02)765-1251 전자우편 dhamenbooks@naver.com
      출판등록 제300-2011-115호
| ISBN_ 979-11-6201-398-4 04220

정가 10,000원
ⓒ 수미해주 2023